This book belongs to

· ·

Dieses Buch gehört

· ·

Bilingual Brainbox

Written by Olga Ritchie

Translated by Angelika Eliseeva

Copyright @ Olga Ritchie 2021

Who Lives on the Farm?
Wer lebt auf dem Bauernhof?

by Olga Ritchie

Life on the farm is very busy.

Das Leben auf dem Bauernhof ist sehr ereignisreich.

Let's see who lives here.

Lasst uns nun sehen, wer hier lebt.

The cow lives on the farm.

Die Kuh lebt auf dem Bauernhof.

Cows give us milk.

Kühe geben uns Milch.

The pig lives on the farm.

Das Schwein lebt auf dem Bauernhof.

Pigs like to roll in mud.
Schweine wälzen sich gerne im Schlamm.

The hen lives on the farm.

Das Huhn lebt
auf dem Bauernhof.

Hens lay eggs, the farmer collects them and sells them.

Hühner legen Eier, der Bauer sammelt sie und verkauft sie.

The horse lives on the farm.

Das Pferd lebt auf dem Bauernhof.

Horses pull ploughs or wagons.

Pferde ziehen Pflüge oder Wagen.

The goat lives on the farm.

Die Ziege lebt auf dem Bauernhof.

Goats give us milk too.

Ziegen geben uns auch Milch.

Geese live on the farm.
Gänse leben auf dem Bauernhof.

Geese like to swim in the pond.
Gänse schwimmen gerne im Teich.

Ducks live on the farm.
Enten leben auf dem Bauernhof.

Ducks like to swim in the pond too.
Enten schwimmen auch gerne im Teich.

Sheep live on the farm.

Schafe leben auf dem Bauernhof.

A farmer shears the sheep to get wool.

Der Bauer schert die Schafe, um Wolle zu bekommen.

The rooster lives on the farm.
Der Hahn lebt auf dem Bauernhof.

The rooster wakes everybody
up early in the morning.

Der Hahn weckt alle früh am Morgen.

I grow fresh fruits and vegetables.

Ich baue Obst und Gemüse an.

Bilingual Brainbox is a series of dual language books for bilingual children all over the world.

English-German books for children by Olga Ritchie

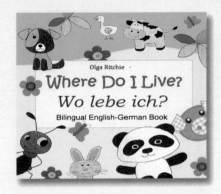

Made in the USA
Coppell, TX
19 November 2022

86674361R00017